Renier-Fréduman Mundil

In 90 Tagen um den Herbst

Für jeden bunten Herbsttag ein Gedicht

AF190850

Renier-Fréduman
Mundil

# In 90 Tagen um den Herbst

Für jeden bunten Herbsttag ein Gedicht

Für
## Helen
Ein heller Sonnenschein im Herbst unseres
Lebens

## Impressum

Bibliografische Information der Deutschen Nationalbibliothek:
Die Deutsche Nationalbibliothek verzeichnet diese Publikation in der Deutschen Nationalbibliografie; detaillierte bibliografische Daten sind im Internet über http://dnb.dnb.de abrufbar.
© 2023 Renier-Fréduman Mundil
      Viola Hartmann
Covergestaltung: Dan Winkler

Herstellung und Verlag: BoD – Books on Demand, Norderstedt
ISBN: 978-3-75786-185-8

# Inhalt

Jemand hat einmal über Vivaldi gesagt, dieser habe nicht hundert Violinkonzerte geschrieben sondern ein Violinkonzert hundert Mal. Ohne mich im Geringsten auf die Stufe von Vivaldi stellen zu wollen, mancher wird nach dem Lesen dieser Gedichte vielleicht dasselbe denken. Sei's drum. Auch der Herbst ist immer derselbe, seit Tausenden, Millionen von Jahren, oft nur in Nuancen verschieden. Nuancen machen jedoch die Vielfalt des Lebens aus.

Die Jahreszeiten sind unterschiedlich lang und ihre Länge verändert sich im Laufe der Zeit. Das hängt u.a. mit der elliptischen Umlaufbahn der Erde um die Sonne zusammen und ist mir als vergessenes Schulwissen erst jetzt wieder bewusst geworden. Vom Jahr 0 bis zum Jahr 1000 war der Herbst die kürzeste Jahreszeit. Im Jahr 2000 war er mit 89,84 Tagen nach dem Sommer (93,65 Tage) und dem Frühling (92,76 Tage) noch vor dem Winter (88,99 Tage) die drittlängste Jahreszeit – immerhin noch Bronze. Im Jahr 4000 wird er mit 91,4 Tagen den Frühling von Platz zwei verdrängt haben. Und sollte eines meiner Ur-Ur-Ur-....Enkelkinder im Jahr 4000 auf dieselbe Schnapsidee kommen, für jeden Herbsttag ein Gedicht zu schreiben, es müsste 91,4 Gedichte verfassen und sein Werk: „In 92 Tagen um den Herbst" nennen.

Der aufmerksame Leser wird gemerkt haben, dass in diesem Buch die 89,84 Tage mathematisch korrekt auf 90 aufgerundet wurden, während mein Ur-Ur-Ur-.... Enkel im Jahr 4000 die 91,4 mathematisch nicht ganz korrekt zu 92 aufrunden würde. Oder jeder ließe solcherart

5

Rundungen und reist in 89,84 Tagen bzw. später in 91,4 Tagen gedichtsmäßig um den Herbst. Doch wie wird ein 0,89 bzw. 0,4 langes Gedicht verfasst? Ein sicherer Beweis, dass sich Poesie und Mathematik nur bedingt vertragen.

Von Toulouse Lautrec gibt es die Aussage: „ Der Herbst ist der Frühling des Winters". Auf den Sommer bezogen könnte es heißen: Der Herbst ist der Witwer des Sommers. Und schon sind alle vier Jahreszeiten im Herbst vereint. Sind sie ohnehin. Manche Herbsttage sind plötzlich leicht und unbeschwert wie ein Frühlingsblatt. Manche Herbsttage flackern noch in der Glut der Sommerhitze. Manche Herbsttage sind bereits in der Winterkälte erstarrt. Viele Herbsttage sind einfach nur Herbst, eine Mischung aus Bunt, Sonne, Sternen, Dunkelheit, Nässe, warmer Stube, reifen Früchten, Abschied, Trauer und Leben, das sich von außen nach innen kehrt, um neue Kraft zu tanken.

Im Wort Herbst stecken Wortvorfahren wie herbisto, harbista oder das englische harvert, Begriffe, die Ernte bedeuten. Im Herbst erntet das Leben sich selbst. Mehr Natur als Herbst geht nicht. Das ein wenig einzufangen, ist der Gedanke dieses kleinen Buches als Begleiter durch sonnige und dunkle, nasse und trockene Herbststunden.

## 1.

## Bebilderter Herbst

Der Herbst wird nun einfärben
Des Himmels weite Erden
Mit einem Farbenkleid.
Er wird die Blätter bunten,
Mit Gold verzier'n die Stunden,
Dass sich nun Farb' an Farbe reiht.

Er wird in Düften schwelgen,
Die Farben zu vermählen
Zu einer bunten Braut.
Er wird die reifen Birnen
Mit Spinnenseide zwirnen,
Als gold'nes Bild vorm bunten Laub.

Der Herbst wird spät einkehren
Und dann die Wege leeren,
Dass Leben sich nicht müht.
Bis dann nach Wintertagen
Auf hellen Frühlingswagen
Blume an Blume neu erblüht.

## 2.
### Blattrinde

Das Blumengebinde
Fällt von der Rinde
Des Sommers ab.
Jedes Blatt
Zieht ein buntes Kleid über,
Um wieder
Festlich geschmückt zu sein,
Wenn der süße Wein
In der goldenen Herbstsonne rebt,
Bevor sich der Sommer zur Ruhe legt.

3.

## Meeresschlaf

Die Seele ist mir aufgesprungen,
Gefunden
Hat sie mir das gold´ne Sommerlicht.
Samt bricht
Der Wind die Blütenfarben,
Vermengt sie mit den Garben
Des Feldes zum somm´rigen Duft.
In der kleinen Bucht
Schläft das müde Meer.
So sehr
Der Wind es mit Kräuseln neckt,
Weckt
Er es dennoch nicht aus dem Traum.
Vom Saum
Des Sommers umhüllt
Quillt
Der rauschende Bach durch die Wiesen.
In seinen Tiefen
Die kühle Quelle
Auf der Schwelle
Des
Unmerklich heraufziehenden Herbstes.

## 4.
## Durchgedrehter Wind

Der Wind
Hat sein Sommerkind
Gebracht.
Ausgelassen lacht
Er mit den perlgebrochenen Sonnenstrahlen,
Streicht über süßreifende Honigwaben,
Rauscht durch dichtgewordenes Blättergrün.
Bald wird er zieh´n,
Den Herbst herbeizutragen.
Mit bunten Farben
Wird er den Wechsel anstimmen,
Nektarierte süße Früchte bringen,
Über die abgeblühte Wiese
Eine letzte warme Brise
Schicken,
Um sich dann, trotz aller Bitten,
Gewaltig aufzublasen.
Wird mit wutschnaubendem Rasen
Das Sommerfrisch
Vom Tisch
Der Natur fegen,
Den müden Atem weit fortwehen.

## 5.
## Sommerüberlänge

Der Sommer ist lang geworden,
Nun kann er jeden Morgen
Verschwunden sein.
Der erste gold´ne Wein
Rebt in den Blättern,
Die sich bald mit dem bunten Wetter
Des Herbstes schmücken werden.
Leichte Winde kehren
Den Sommerduft aus,
Dem nahenden Herbst sein Haus
Zu bereiten.
Die weiten
Felder ziehen sich goldglänzend an.
Die Bahn
Der Sonne nimmt ab,
Bald versiegt ihre Fahrt
In der dunklen Farbe
Der ersten Herbsttage.

## 6.

### Wechselherbst

Der Herbst ist nun gekommen,
Gegang´n die Sommersonnen,
Die Welt ein Nebelfeld.
Die Wiesen abgeschieden,
Es welkt, statt buntem Blühen
Unter dem dunklen Himmelszelt.

Vergang´n des Sommers Fülle,
Verrauscht des Meeres Stille,
Die Luft ein grauer Schaum.
Bald komm´n die Meeresfluten,
Der Sturm schickt erste Boten
Und alles flieht in sich´ren Traum.

Mein Herz hat viel getragen,
Gebeugt von schweren Jahren
Will es zur Ruhe geh´n.
Es wird die Erd´ berühren,
Dort Trost und Ruh zu spüren
Lässt sich vom Herbstwind weit fortweh´n.

7.
## Fortgespültes Leben

Wie ist die Welt in mir so still.
Will
Nichts mehr in mir erwachen?
Grauer Regen
Fällt auf das Land,
Meine Hand
Mit Lebensquell zu tränken.
Vergeblich. Mein Leben
Unruht in tiefen Senken,
Aus denen kein Weg mehr zum Licht führt.
Tag für Tag spürt
Mein Herz das Tieferwerden,
Färben
Sich meine Augen grau und dunkel ein.
Der letzte Sommerschein
Hat sich gelegt
Und der Herbst sät
Mir endlose schlafgetränkte versunkene
Stunden.

## 8.
## Goldherbst

Der Herbst die gold'nen Reben treibt
Und überall die Frucht sich zeigt
Geknospet, bunt und schön.
Die Sonn' die gold'nen Felder küsst
Und überall der Nektar fließt,
Vom Wasser her ein warmes Weh'n.

Die Blätter nun in Rot getränkt,
Ganz löchrig auch das Sommerhemd
Und manches Nest schon schweigt.
Die Bäche fließen rauschend noch,
Zart glüht des Sommers Sonnendocht,
Am Horizont der Nebel steigt.

Der Herbst die alten Scheunen füllt,
Leis' flieht das helle Sommerbild,
Verlassen bald die Erd'.
Der Himmel bringt nun Dunkelheit,
Der Winter kalte tote Zeit,
Alles vom Atem nun entleert.

## 9.
## Gesommter Herbst

Der Sommer noch die Erde küsst,
Das Bunt noch über Felder fließt,
Das Leben noch laut lacht.
Doch aus dem fernen Norden kommt
Der Herbst, wie jedes Jahr gewohnt,
Mit seinem grauen Nebeldach.

Das Feld in Sonnengold noch schwelgt,
Kein Blatt, das schon in Grau gewelkt,
Noch jede Quelle rauscht.
Noch steh´n die Wälder prächtig grün,
Die Vögel noch nicht südwärts zieh´n,
Noch hüllt die Welt der Sonnenflausch.

Der Herbst, er ist längst auf dem Weg
Und alles Leben, das sich regt,
Ahnt schon das Sommerend´.
Mein Herz, siehst du die Winterruh´,
Leis´ bindet sie das Leben zu,
Steckt alles in ein fahles Hemd.

# 10.
## Vernarrter Harlekin-Herbst

Er regnet Welkleben;
Es schreitet Sterbgehen;
Es fluten Wildgänse;
Es bäumen Fuchsschwänze;
Es lauben Baumblätter;
Es dunstet Nasswetter;
Es wiesen Sterngräber;
Er runden Pfauräder;
Es einsam'n Parkbänke;
Es weinen Rebtränke;
Es kuhlen Wildschweine;
Es wolken Zugleine;
Es herbstet Buntfelder;
Es tanzen Sternwälder.

## 11.
### Wolkenherde

Als wär es Sommer
Und der Donner
Der Herbststürme weit entfernt,
Wärmt
Sich die Welt ein letztes Mal auf.
Ihr Haus
Wird dunkler werden,
Herden
Von Regenwolken
Werden folgen
Und alles Leben ertränken.
Lang wird jeder an den Sommer denken:
Die warmen Nächte,
Die Reste
Der Sonnenstrahlen
Zwischen den Bienenwaben.
Trotz allem Wünschen zerfällt
Die somm´rige Sonnenwelt
Zu welkem Laub,
Leblosem Staub.

## 12.
### Herbstheim

Herbst,
Heimwärts
Zieht der Sommer.
Es war ein frommer
Wunsch,
Der Dunst
Des Herbstes würde sich
Nicht
Zeigen.
Unentwegt steigen
Nebelschwaden aus dem Nichts.
Das goldene Licht
Des Sommers vergangen,
Die Wangen
Der Natur bleich und fahl.
Ohne Zahl
Fallen tote Blätter hinab.
Kein Tag
Mehr mit Sonnenlicht gefüllt.
Das Vergehen quillt
Aus allen Ritzen.
Hinter tiefen Mützen
Verschwinden die Gesichter.
Manche Lebenslichter
Werden sich unter den Sommerweiden
Nie mehr zeigen.

## 13.
## Klingender Herbst

Der Herbstwind
Klingt:
Nach Farbenschwelgen,
Adagio-Welken,
Leerem Pflaster,
Erblauter Aster,
Nebelwand,
Einsamstrand,
Gefernten Wildgänsen,
Blättertänzen,
Vollen Scheunen,
Langes Träumen,
Meeresrauschen,
Federflauschen,
Ergrauten Feldern,
Schwankenden Wäldern,
Fortschweben,
Welkem Leben.

## 14.

### Herbstschlitten

Der Herbst
Fährt
Auf einem Schlitten
Inmitten
Tausend welker Blumen.
Die Erdkrumen
Tun sich auf,
Das blühende Haus
Der Natur aufzunehmen.
Grau wird das Leben,
Kalt die Tage,
Laut die Klage
Des Windes.
Im Gesicht jedes Kindes
Die Furcht vor Dunkelheit.
Aber auch das Hoffen auf die Zeit
Der Kerzen,
Wenn die Herzen
Auf Erden
Wieder hell und weit werden.

## 15.
## Wandelherbst

Leis verklingt
Der Herbst,
Als wär's
Der Hauch von einem Schmetterling.

Leis verwelkt
Das Leben.
Buntes Vergehen,
Das zur Erde fällt.

Leis entfliehen
Die Wildgänse.
Ihre Tänze
Bringen sie nach Süden.

Leis erwacht
Der Winterschnee.
Jeder See
Wird zum Kristallplast.

## 16.
### Kehraus-Herbst

Der Sommer legt sich nieder,
Lang war ein jeder Tag,
Berost war jeder Flieder,
In Grün stand jedes Blatt.

Die Nacht voll klarer Sterne,
Der Bienenstock gefüllt.
Unendlich war die Ferne,
Alles sonnenumhüllt.

Rosen blühten in Düften,
Die Seen schwammen im Licht.
In weit entfernten Lüften
Keine Wolke in Sicht.

Alles war voller Leben,
Das Herz schlug überall.
Nur Kommen, kein Fortgehen,
Kein Sterben, keine Qual.

Jetzt kommt der Herbst gezogen,
Schleppt fort das Sommerzelt,
Zerrt an den stillen Wogen,
Wühlt auf die leise Welt.

Jetzt kommen kurze Tage,
Die Einsamkeit der Nacht.
Der Herbst nimmt von der Waage,
Was der Sommer gebracht.

## 17.
### Vergängliche Ewigkeit

Wohin treibt
Das Sommerkleid?
Endlos weit
War die Tageszeit.
Zu zweit
Oder aneinander gereiht
Machten sich überall Blumen breit.
Beblüht war jeder Zweig.
Die Ewigkeit
Konnte vor Neid
Erblassen und wohlbeleibt
Standen Bäume bereit,
Abzuwehren jede Hungerzeit.
Nun bleibt
Von der bunten Herrlichkeit
Ein nackter Lebenszweig,
Der in die dunkle Erde steigt.

## 18.
## Sommerflammen

Noch einmal flammt der Sommer auf.
Viele Tage hat er mein kleines Haus
Mit goldener Sonne benetzt.
Jetzt
Gießt er den Rest
Sonnenstrahlen
In die alten Fensterwaben.
Die letzten Federwolken
Rollen
Am Firmament des Himmels entlang.
Auf die zerfurchte Laubenbank
Wird sich der Sommer legen,
Wird beim ersten Herbstregen
Aufsteh´n
Um an den südgelegenen Seen
Mit den Frühlingskindern
Zu überwintern.

## 19.
### Sommerbrechen

Nun steigen wieder die Drachen.
Der Sommer hat seine Sachen
Eingepackt,
Sich auf das nächste Jahr vertagt.
Die letzten warmen Sommerwinde
Tragen die bunten Blumengebinde
In den immergrünen
Süden.
Bald wird der Frost
Seine eingehüllte Post
Im Land verteilen,
Während der Sommer im Süden verweilen
Wird,
Und sein Tagebuch über das letzte Jahr führt.

## 20.
### Kehrherbst

Der Herbst
Kehrt
Das Sommerhaus
Aus.
In den Ecken
Stecken
Welke Blüten,
Verdorrte Quitten,
Morsche Äste,
Rebenreste,
Stoppelfelder,
Entlaubte Wälder,
Einsame Obstkerne,
Weitentrückte Sterne.
Bald fährt
Der Herbst
Nach getaner Arbeit
In die Wintervergangenheit.

## 21.
### Sommertrauer

In den Straßen wird wieder das Laub gekehrt.
Unbeschwert
War der Sommer gewesen.
Er hat jeden
Tag mit Sonne geschmückt,
Unentwegt
Hat er das Meer geheizt.
Er ist auf warmen Winden gereist,
Hat die Segel der Boote aufgeblasen
Und die leeren Vasen
Mit Blumen gefüllt.
Jetzt ist sein Bild
Alt geworden.
Am Morgen
Kann er sich kaum aufraffen,
Seine hellen Sommersachen
Zu verteilen.
Bald wird er hinter den welken Zweigen
Des Herbstes mit dunklem Schweigen
Verschwunden sein.

22.
## Welke Erwartung

Noch liegt die Welt
Fernab vom grauen Zelt
Der nahen Herbsttage.
Noch schweigt die Klage
Der Herbstwinde.
Noch fließt in der Rinde
Der Bäume das Leben.
Bald weben
Die Spinnen ihre seidigen Netze.
Bald verlieren sich die Reste
Des Sommers in der Natur.
Die goldene Sommerspur
Wird am kalten Strand versiegen
Und die Wiegen
Der Stürme werden sich mit totem Leben füllen;
Bis die dunklen stillen
Wintertage
Die laute Klage
Des Herbstes auf Erden
Verklingen lassen werden.

## 23.
### Gestillte Natur

Herr,
Der
Sommer war sehr lang gewesen.
Die süßen Reben
Haben sich wundersam gefärbt.
Der Wind hat das Laub gegerbt,
Eine überquellende Blütenpracht
Hat das Dach
Der Erde verziert.
Herr, mein Herz spürt,
Dass der Herbst kommen will.
Still
Werden die Tage sein.
Dunkler Nebelschein
Wird den Horizont überzieh´n.
Herr, lass den Sommer nicht flieh´n,
Bevor er den Rest seiner Wärme
In goldene Sterne
Gegossen hat,
Die mich auf der nahenden Winterfahrt
An sein´m
Goldenen Schein
Erinnern werden.

## 24.
### Wechselzeiten

Der Sommer hat
Sein grünes Blatt
Abgelegt.
Nun sät
Der Herbstwind welke Farben,
Die Natur auf das Darben
Vorzubereiten.
Die letzten Segelboote gleiten
In den Hafen,
Wo sie den Winter überschlafen werden.
Auf den Bergen
Breitet der Frost sein weißes Tuch aus.
In den Tälern rauscht
Graue Nebelluft,
Die den Blumenduft
Des Sommers trägt,
Sanft mit ihm in die Ferne entschwebt,
Ihn fort, ins ferne Grab, hinablegt.

## 25.

### Regensonne

Alles bricht zusammen,
Die Lebenswangen
Nur noch eingefallenes Grau.
Des Sommers Blumenschau
Ein verwelkter Teppich.
Das Sonnenlicht
In weite Ferne geflohen.
Der bunte Regenbogen
Im Horizont versunken.
Die warmen Frühlingsstunden
Eine Fata morgana,
Die kam
Und nicht mehr kommen will.
Schweig still,
Mein Herz,
Es ist, als wär´s
Für eine lange Ewigkeit,
Dass die Tageszeit
Sich
Nicht
Mehr erhellen wird,
Sich in dunklen schwarzen Kristallen verliert.

# 26.

## Sonnmüde

Herr,
Das Meer
Hat seine Wärme verloren.
Der Himmelsbogen
Hat sich in Grau gekleidet
Und der Mond weidet
Dunkle Wolken in der Nacht.
Herr, unter dem alten Dach
Ist das Mahlen der Mühlen erstorben.
Die vollen
Wagen der Ernte sind in den Scheunen verschwunden.
Die lauen bunten
Sommerwinde sind in den Süden geflohen.
Jetzt türmen Stürme die  Wogen
Des Meeres zu Bergen auf.
Langsam erstirbt der Lauf
Des Baches
Zu einer kalten glatten
Rinne.
Herr, lass meine Augensinne
Vom Frühling träumen
Dass ich unter aufgeblühten Bäumen
Im nächsten Jahr wieder das
Goldene Sommerlicht spüren darf.

## 27.
### Herbstgang

Stumm ist der Sommer gegangen.
Die Stürme haben sich von den Himmelsstangen
Losgerissen.
Auf den Nachtsternen werden sie einschiffen,
Zur Erde hinabzukommen.
Der Herbst hat die Sommersonnen
In Nebel verpackt.
Hat den bunten Lack
Von den Blumen geschabt
Und jedes Blatt
Für die Winde eingerollt.
Bald trollt
Sich der Sturm zwischen dem welken
Leben,
Schnaubt mit aufgerissenen Nüstern,
Während das sanfte Flüstern
Des letzten Schmetterlings
Mit der Abendsonne im Meer versinkt.

## 28.
### Hoch(-)zeitsherbst

Der Herbst ist hinabgestiegen.
Er hat in die Wiegen
Der Bäume welkes Laub gefegt.
Auf dem Meer hat er Sturm gesät,
Hat die Winde losgerissen
Und den Schiffen
Die kleinen Häfen versperrt.
Am Berg
Raucht er seine Nebelschwaden,
Hat den Tälern die bunten Farben
Geraubt.
Er hat den Winter zur Braut
Gewählt.
Ungeduldig zählt
Er die Zeit,
Dass er in einem weißen Kleid
Aus Frost und Schnee
Über dem vereisten See
Auf einer Eisblumenbahn
Hochzeit feiern kann.

## 29.
## Sommerabreise

Herr, lass mich mit dem letzten Sommerboot reisen.
Lass mich noch ein wenig auf den Gleisen
Des Sommers fahren
Und nachts unter dem klaren
Himmelszelt schlafen.
Lass dem Sommer noch die letzten Reben schaffen,
Dass eine schwere  Süße
Hineinfließe,
Uns lange an ihn zu erinnern.
Lass das Meer noch ein Weilchen golden schimmern.
Lass die schwebenden Schmetterlinge
Bunte Ringe
In die Luft malen.
Lass den Sommerwagen
Noch einmal reife Früchte bringen.
Herr, lass die Schwingen
Der Wildgänse noch ein wenig ruh´n,
Bevor sie zum
Warmen Süden
Ziehen.

30.
## Sommerwiegeln

Herr, lass den Herbst noch weiter
Die Erde färben.
Lass die Leiter
Der Sonnenstrahlen nicht kürzer werden.
Schick den süßen Saft
In die dunklen Reben.
Lass
Noch ein Weilchen die Sonnenstrahlen stehen.
Herr,
Mit gold´nen Perlen
Wieg´ das weite Sommermeer.
Zwischen den Bergen
Lass die frischen Quellen fließen.
Gib uns noch einige warme Tage,
Bevor Du den Sommer schließen
Wirst und die Klage
Der Herbstwinde
Über das Land zieht,
Die letzte Sonnenstunde
Golden verglüht.

31.
Meereswelken

In der kleinen Bucht
Weht das letzte Segeltuch.
Weißbekronte Wellen
Zerschellen
Zwischen Muschelkalk.
Der Himmel malt
Unentwegt Wolkenbilder,
Aus denen ein letzter milder
Sommertag auf die Erde fällt.
Bald erstarrt die Welt
Zu Eiskristallen.
In den Alleen
Werden keine Menschen mehr sein.
Der Lichterschein
Der Häuser wird vergeblich versuchen,
Die Dunkelheit mit Licht zu vertuschen.

## 32.
### Grußrebe

Der Herbst treibt gold´ne Reben
Die nach Vollendung streben
Nach letzter Sommersüß´.
An allen grauen Stellen
Herbstbunte Farben quellen,
Der Sommer leise sich verschließt.

Wie ist mein Herz so stille,
Eine versiegte Quelle,
Wo Trauer, Freude schweigt.
Die Augen wollen schauen,
Sich neues Leben bauen.
Mein Leben sich dem Ende neigt.

So sag ich, ach ihr Lieben,
Wär´ länger noch geblieben,
Die Atemluft zu teil´n.
Doch ließ man mir auftragen,
Euch Lebewohl zu sagen
Werd´ nun bei meinem Schöpfer weil´n.

33.
<u>Der auferstandene Herbst</u>

Herr,
Der
Sommer legt sich nieder.
Wieder
Steht der Herbst aus
Der kalten Erde auf.
Nun geh´n
Die Bäume in endlosen Seen
Schlafen.
Die Sternenterrassen
Hüllen sich
Ins kalte Licht.
Die Augen
Schauen
Einen Schleier.
Die letzte Mauer,
Hinter der auf allen
Pfaden dunkle Tränen fallen.

## 34.
## Vertoster Sommer

Herr,
Das Meer
Wird lange tosen,
Die losen
Sommerträume fortzuspülen.
Die wilden
Stürme werden den Strand verschlingen.
Die Federschwingen
Der Möwen werden einschlafen.
Auf den bunten Herbstgarten
Werden sich die welken Blätter legen.
Endloser Regen
Wird vergeblich versuchen,
Sie ins Lebensgrün zurückzurufen.
Bald wird der graue Himmel auf die Erde fallen.
In den leergewehten Alleen
Werden auf den kahlen Bäumen
Weiße Flockenhüte aufschäumen.

35.

<u>Erlachte Pracht</u>

Die Herbstwagen
Tragen
Goldene Farben,
Die
Sie
Auf ihrer Reise
Kübelweise
Auf das Land schütten.
Quitten
Überziehen sich mit Sonnengelb,
Dunkles Rot fällt
Auf die Blätter vom Wein.
Seidener Schein
Hüllt das Land.
Ein buntes Band
Erhellt
Ein letztes Mal die Welt,
Bis der Herbstwind die Pracht
Fortlacht.

36.
## Herbstquittung

Herbst!
Alles verwehrt
Den Weitergang.
Die Blumenwand,
Die Sommerblüten,
Gelbe Quitten,
Die Jasmin Büsche,
Die Gerüche
Der Lavendelfarben.
Die Weizengarben,
Die Sommerwiese,
Die warme Brise
Vom Strand.
Dem Weitergang verwehrt,
Kehrt
Das Leben ein Stück
Zurück.
Das Kleid
Der Zeit
Zerrinnt im Nebel
Des Herbstsegels.

37.
## Blattwerk

Welke Blätter fallen
Auf allen
Toten
Lebensboten.
Was sich regt,
Legt
Sich wieder
Nieder.
Die Kraft
Entweicht dem Gras,
Das welk
Zu Boden fällt.
Totes und Leben
Schweben
Unter die Erde.
Hinter ihrer Fährte
Eine graue Mauer
Endloser Trauer,
Bis Frühlingserwachen
Beides erfassen
Wird
Und wieder zusammenführt.

38.
## Fahrender Herbst

Der Herbst
Fährt
Durchs Land.
In seiner Hand
Wandelt sich Werden
In Sterben,
Leben
In Fortgehen,
Frühlingslied
In Abschied,
Sommerhelle
In erstarrte Quelle,
Gelbes Licht
In graues Nichts,
Lieben
In Verglühen,
Küssen
In Vermissen,
Herbeisehnen
In Fortschweben,
Jede Eile
In tote Weile,
Jede(s) Lebensweil´
Ins Gegenteil.

39.

<u>Gewelkte Fahrt</u>

Der Herbst
Verwehrt
Jedem
Leben
Die Weiterfahrt.
Blatt für Blatt
Erstirbt,
Hüllt
Alles in stille Kälte.
Die Sternenzelte
Sind noch weiter entrückt.
Kein Blick
Wird sie noch erreichen.
Leben entweichen
Zwischen ihnen,
Ziehen
In unbekannte Ferne.
Ihre Schwärme
Verlieren sich
Im fernen kalten Licht
Und die Trauerweide
Wird zur neuen Bleibe.

## 40.

<u>Sommherbst</u>

Der Sommer lässt uns allein.
Süßen Wein
Tischt er zum Abschied,
Bevor das Herbstlied
Durch die Tür strömt
Und alles, was wir ersehnt
Haben
In den Klagen
Der Herbststürme versinkt.
Der Herbst nimmt
Die letzten Sonnenstrahlen,
Lässt sie vom Wind zermahlen,
Gibt
Sie ins Nebelsieb,
Wo sie unten
Als goldene Funken
Schon auf die schlafenden
Winterkerzen trafen.

## 41.
### Erdrückkehr

Herbst,
Alles kehrt
Zur Erde zurück.
Der Sommerweg
Verschließt sich.
Helles Licht
Wandelt sich in Dunkelheit.
Die Zeit
Bleibt stehen,
Allem Leben
Wird der nahende Schluss
Bewusst.

42.
<u>Erstarrendes Schauspiel</u>

Der Herbst
Fährt
Ins Land.
An seiner Hand
Der kalte Schnee,
Der eingeschlafene See,
Der hochgeschlagene Kragen,
Der Schlittenwagen,
Das glitzernde Eis,
Des Wurzel's Reis',
Warme Maronen,
Menschen ohne Wohnen,
Dunkle Tage,
Sturm und Klage.
Er hat wohl immer
Mehr als fünf Finger
An seiner Hand,
Sonst kann
Man kaum
Dies alles zusammen schau'n.

## 43.
### Unendliche Vergänglichkeit

Herbst,
Als wär's
Noch nicht lange her,
Dass der Frühling das Meer
Wachgeküsst hat.
Jedes Blatt
Schmückte eine Blüte.
Viele Züge
Wildgänse kamen zurück,
Das Glück
Schien grenzenlos.
Kein Boot
Blieb im Hafen,
Die kleinen Gassen
Quollen voller Blumen über.
Alles ist wieder
Weit fortgegangen.
Die Wangen
Des Lebens kühlen sich ab
Und manches Grab
Auf Erden
Wird nun vom Tod bewohnt werden.

## 44.
## Herbstkehre ins Leere

Der Herbst
Kehrt
Ins Land.
In seiner Hand
Welkes Laub,
Regenstaub,
Verlassene Herzen,
Kerzen,
Die aufs Anzünden warten.
Über dem Garten
Kalte Luft,
Die als feuchter Duft
Aufsteigt.
Leere reiht
Sich an Einsamkeit.
Schwarze Zeit
Ohne Ende,
Graue Zimmerwände,
Die den leeren
Herzen wehren,
Dem leisen
Frühling nachzureisen.

## 45.
### Lebenskontrast

Herbst,
Unbeschwert
War der Sommer gewesen.
Das Leben
Leicht wie eine Feder,
Jeder
Tag wie Samt.
Der Strand
Muschelgeschmückt,
Der Blick
Grenzenlos.
Das Moos
Unter den Bäumen
Kissen zum Träumen.
Das Feld
Mohnblumengeschält.
Alles nun fort,
Jedes Boot
Ist wieder im Hafen.
In den Gassen
Rücken die Häuser zusammen,
Um in langen
Winternächten Geschichten zu erzählen,
Die helfen,
Die dunklen Zeiten
Zu vertreiben.

## 46.
### Herbstheimwärts

Alle Blumen darben
Nach den bunten Farben.
Alle Nächte sehnen
Sich nach Sonnenfäden.
Alle Wiesen träumen
Von beblüten Bäumen.
Alle Leben gehen
Ihrem End' entgegen.
Alle Hände schreiben
Noch vom langen Bleiben.
Alle Meere schäumen
Unter Sonnenräumen.
Alle Blätter welken
Unter Sternenzelten.
Alle Wege wippen
Unter müden Schritten.
Alle Herzen kehren
Heim in das Herbstleben.

## 47.
Trauerregen

Der Herbst
Fährt
Durchs Land,
In seiner Hand
Süße Trauben,
Verlass'ne Lauben,
Der Traum von Kerzen
Und Friede im Herzen
Durch die nahende Weihnacht.
Doch noch ist das Dach
Der Welt
Ein graues Zelt
Aus dem endloser Regen
Auf das Leben
Fällt
Und es in Trauer hält.

## 48.
### Herbstgedankenstille

Herbst will mir nun werden
In der stillen Brust,
Mit dem bunten Färben
Flieht dass Sommerfloß.

Still werd'n die Gedanken,
Alles Leben schweigt,
Letzte Reben ranken
In gewes'ne Zeit.

Lang die Sommertage,
Kurz das Lebensglück,
Manche Lebenswaage
Kehrt ins Grab zurück.

Bald küsst mich die Erde
Naht der Lebensschluss,
Welkes Herbstgefärbe
Wird mein letzter Gruß.

## 49.
## Versehnter Herbst

Ein Traum bringt
Mir den Frühling,
Obwohl der Herbst das Land durchschreitet.
Er weitet
Mir das graue Nebelfeld
Zu einer Wolkenwelt
Aus tausend gold'nen Sternen.
Er lässt das Schwärmen
Von Schmetterlingen
Erklingen.
Er wärmt
Das Meer
Und beblumt
Die Wehr
Der kalten Steine.
Er legt Seide
Auf meine Augen,
Das Leben zu schauen,
Obwohl die nahe Winterzeit
Ihr totes Kleid
Schon ausgebreitet hat.

50.
## Südlicher Abschiedsruf

Drachen steigen,
Nur um sich vor der Erde zu neigen.
Blätter fallen
Um unsichtbar zwischen allen
Sternen aufzuerstehen.
Stürme wehen,
Dem ganzen Dasein
Ein'n
Halt zu gründen.
Sommerstrahlen schwinden,
Ihre Wärme erdzufluten.
Mit unsichtbaren Routen
In der Luft
Ruft
Der Süden
Nach lang verschwiegenen
Vögeln, ihnen ihr
Winterquartier
Zwischen warmen Quellen
Zu bestellen.

## 51.

### Herbstrochade

Der Sommer verliert an Fahrt,
Jeder Tag
Schwindet,
Mündet
Eilig in die Dunkelheit.
Die Ewigkeit
Liest die gestorbenen Stunden auf,
Ihr endloses Haus
Damit zu füllen.
Wassermühlen
Drehen sich mit müd' gemahlenen Steinen.
An Nebelleinen
Schweben die Sternengefilde.
Hinter goldene Schilde
Wird der alte Sommer verstaut.
Der Herbst baut
Aus dem welken Rest
Dem Winter ein einsames leergefegtes Nest.

## 52.
### Vorherbst

Noch ist die Sommerzeit unbeschwert.
Noch zerrt
Die Nacht nicht am Tag.
Noch lindgrünt jedes Blatt.
Noch küssen Blumen die Erde.
Noch zieht eine Herde
Schäfchenwolken weit oben.
Noch ist der Himmelsbogen
Mit Sonnenperlen übersät.
Noch mäht
Der Bauer saftiges Gras.
Noch füllt sich das Fass
Mit rotem Traubensaft.
Noch honigschafft
Das Bienenvolk.
Noch trollt
Der junge Bär im Sonnenlicht.
Doch schon bald zerbricht
Das Sommerrad
Am ersten grauen Herbsttag.
Doch Du allein
Wirst immer mir mein Sommer sein.

## 53.
### Herbstschwaden

Nebel schwadet durch die Zeit,
Leis' zerflauscht das Blätterdach,
Der Sommer faltet sein Kleid,
Herbst quillt auf in seiner Macht.

Alle Blätter grau vererden,
Zweige kronen sich mit Schnee,
Auf dem Meer die letzten Fähren
Queren den verlass'nen See.

Alle Bäume leis zerrinden,
Jeder Baum entleibt sein Haupt,
Schnee und Frost vom Winter künden,
Leben wird zu welkem Laub.

Nebel schwadet durch den Raum,
Leise dunkelt jedes Licht.
Alles Leben wird zum Traum,
Sommer nun im Sturm zerbricht.

## 54.
### Herbstzeitlos

Leis zerrinnt
Der Wind.
Fleißlieschen
Fließt
Ins Vergissmeinnicht.
Der Sommer zerbricht
In tausend kleine Stücke.
Die Schritte
Des Herbstes kommen,
Die Sonnen-
Teile zu entführen.
Verlieren
Wird das Leben
Seine Sonnensegel,
Wird abgeschieden
Im Eis gefangen liegen.

## 55.
## Gewandeltes Leben

Leis zerspringt
Der Sommerring.
Der Herbstwind
Entbringt
Uns den letzten Schmetterling.
Mit ihm verklingt
Das sanfte Sommergrün,
Flieh'n
Die Blumen von der Welt.
Der Herbst hält
Einzug,
Legt sein graues Leichentuch
Über das gestorbene Leben.
Jeden
Augenblick
Kann es sich mit
Seinem wallenden Kleid
Auf meinen Leib
Legen,
Ihm die Lebenswärme nehmen.

## 56.
### Letztes Aufflammen

Nun kommt der Herbst gezogen
Mit einem Farbenbogen
Und alles leuchtet auf.
Jetzt schmücken sich die Blumen
Mit leuchtend bunten Schuhen,
Der Herbst zieht ein ins Sommerhaus.

Jetzt türmen sich die Meere
In hohe Wasserberge
Leise versinkt der Strand.
Jetzt zieh'n die Kreaturen
Mit letzten müden Spuren
Zurück in Mutter Erde's Hand.

Jetzt flechten kühle Winde
Aus Wolken ein Gebinde,
In dem die Sonn' versinkt.
Ein letztes großes Atmen
Im müden Lebensgarten,
Bis alles wie im Nichts zerrinnt.

## 57.
### Herbstschaffen

Nun kommt der Herbst gezogen,
Nun kommen Regen, Sturm.
Die Bäume werd'n gewogen,
Die Früchte einzuhol'n.

Nun kürzen sich die Tage
Um Stunden, dunkel, schwer.
Nun schwillt mit lauter Klage
Das aufgewühlte Meer.

Nun öffnen sich die Scheunen
Für Weizen, Stroh und Heu.
In buntgewelkten Träumen
Wird's alles leicht und frei.

Bald fallen dunkle Schatten
Vom Himmel auf die Erd',
Dann ruhen alle Fahrten,
Die Sonne heimwärts kehrt.

## 58.
### Grauer Weißherbst

Herbst ist mir geworden
Jeder Augenblick,
Da der Himmelsbogen
Nahm den Sommer mit.

Hat mir nicht gelassen
Sonne, Blütenschar,
Grünbegrenzte Straßen,
Wasserbäche klar.

Hat weit fortgeführet
Jedes Blumenkind,
Hat dafür gefüllet
Graues Netzgespinst.

Herbst ist mir geworden
Wie ein Tränensee,
Alles ruht verloren
Unter weißem Schnee.

## 59.
### Letztes Naturatmen

Ein letztes Sonnenstrahlen
Am weiten Firmament,
In gold'nen bunten Farben
Verglüht das Sommerhemd.

Ein letztes warmes Wehen
Durch buntgewirktes Laub,
Die Spinnen sich einweben
Vorm grauen Fensterstaub.

Ein letztes helles Klingen
In früher Morgenstund',
Auf müd' geword'nen Schwingen
Dreht sich das Sommerrund.

Ein letztes tiefes Atmen,
Ein letzter Sonnenstrahl.
Verblühter Lebensgarten,
Verwelktes ohne Zahl.

60.
## Vergangene Pracht

Wie schön leuchten die Herbstblumen.
Obwohl das Kommen
Des Winters schon zu spüren ist,
Gießt
Die Natur ein letztes Farbenbad
Auf den kurz gewordenen Tag.
Du, mein kleines Vergissmeinnicht,
Wie sehr werde ich dein Sonnenlicht
Vermissen.
Du, mein blaues Anemonenkissen,
Wo soll ich jetzt mein Haupt betten?
Ihr langen Sonnenblumenketten,
Wer wird jetzt die Sonne einfangen,
Dass ich meine Wangen
Daran wärmen kann?
Wann wird die Natur ihre Bahn
Wieder umkehren,
Dass in jedem
Grauen Winkel die alte Blumenpracht
Sich neu entfacht.

## 61.
## Schlafende Stille

Der Herbst treibt gold'ne Reben,
Die nach Vollendung streben,
Nach letzter Sommersüß'.
An allen grauen Stellen
Herbstbunt die Farben quellen,
Der Sommer leise sich verschließt.

Wie ist mein Herz so stille,
Eine versiegte Quelle,
Wo Trauer, Hoffnung schweigt.
Die Augen wollen schauen,
Sich neues Leben bauen,
Mein Leben sich dem Ende neigt.

So sag' ich: Ach Ihr Lieben,
Wär' länger noch geblieben,
Die Atemluft zu teil'n.
Doch hieß man mir auftragen,
Euch Lebewohl zu sagen,
Werd' nun bei meinem Schöpfer weil'n.

## 62.
### Leises Zerrinnen

Golden leuchtet der Herbst
Als wär
Er eine ewige Flamme.
Aus einer übervollen Kanne
Ergießen sich bunte Farben auf die Welt.
Alles hält
Noch einmal inne,
Bevor die goldene Rinne
Der Natur im Frost versiegt.
Was blieb
Sind Erinnerungen an das Jahr.
Das samtene Haar
Des Frühlings,
Der gelbe Sonnenring
Der Sommertage,
Das stolze Gehabe
Des Pfaus,
Der überschäumende Lauf
Des Flusses,
Das Glühen eines ersten Kusses.

## 63.
### Unersehnter Herbst

Herbst,
Als wär
Der Sommer noch einmal zurückgekommen,
Mit Sonnen-
Blumen
Und Mooskuchen
Auf den Bäumen.
Die Wolken schäumen
Vor Sonne über
Und die Lieder
Der Vögel sind noch frühlingshaft leicht.
Nur langsam begreift
Das Herz den Sommerabschied.
Ach Herr, gib
Dass der Sommer nicht zu Ende geht,
Die Spinne noch lange in Seide webt,
Das Meer noch lange träumt
Und in glitzernden Silbersternen aufschäumt.

## 64.
### Verstaubtes Ende

Der Herbst macht sich selbst trunken,
In süßem Wein versunken
Leuchtet er golden auf.
Schmückt sich mit bunten Farben,
Mit edlen Seidengarnen,
Mit feuerrotem Blätterhaus.

Der Sommer ruht in Kisten,
Wo sonst die Motten nisten
Und staubt verlassen ein.
Die seid'nen Schmetterlinge,
Die warmen Sonnenringe,
Sind nur noch ein verblasster Schein.

Der Schnee, Eiszapfen tragen
Den kalten Winterwagen,
Zu füll'n das leere Bett.
In alten, morschen Truhen
Wird bald das Leben ruhen,
Das gold'ne Kleid im Staub versteckt.

## 65.
## Sommer-Winter Zwischenstation

Der Herbst geschmückt mit Welken,
Mit eingeschlaf'nen Nelken,
Zu Eis erstarrten Seen.
Mit Feldern, die nun ruhen,
Mit obstgefüllten Truhen,
Mit Wolken, die gen Süden flieh'n.

Die Sonne weit entflohen,
Einsam der Himmelsbogen,
Kein Mond und auch kein Stern.
Die gelben Honigwaben,
Gefüllt nur mit Windklagen,
Von Weinreben nur noch der Kern.

Der Winter wird nun kommen,
Mit dick verhang'nen Sonnen,
Mit Frost und Eis und Schnee.
Das Leben wird entfliehen
Hinter die Fensterbühnen.
Die weite Welt ein weißer See.

66.
## Vergehender Wandel

Herbst,
Alles zergärt:
Der süße Saft
Im Traubenblatt.
Die kleine Bucht
Zum Nebeltuch.
Der Sonnenschein
Zu süßem Wein.
Die blauen Reben
Zu welkem Leben.
Der Strände Traum
Zu grauen Schaum.
Die frischen Quellen
Zu trocknen Stellen.
Die Sommernacht
Zum kalten Dach.
Mein müdes Herz
Endlos zu Schmerz.

## 67.
### Geerntetes Leben

Jetzt kommt der Herbst gezogen
Mit seiner bunten Pracht,
Noch fern der Regenbogen,
Die kalte Winternacht.

Er trägt auf seinem Wagen
Die Früchte, die er fand,
Ist übervoll beladen
Mit Ernte in der Hand.

Mit Birnen und mit Quitten,
Mit Weizen, gelben Mais,
Mit Kindern auf Baumwippen,
Mit Bienen voller Fleiß.

Wann werd` ich mit ihm ziehen
Ins ferne Himmelszelt?
Der Erde zu entfliehen,
Da mich hier nichts mehr hält.

68.

## Vergehende Wandlung

Der Herbst
Fährt
Aus dem Lebensbuch,
Kalte Luft
In seinem Gefolge.
Manch aufgeblasene Wolke,
Trübes Wetter,
Das Gezeter
Der Herbstwinde,
Die blattlose Baumrinde,
Das erstorbene Sprechen.
Stattdessen:
Vergessen,
Das Welken
In alten Baumgebälken,
Das schlafende Werden,
Das aufgewachte Sterben.

## 69.
### Endloses Kreisen

Herr,
Der
Herbst hat die Sommerfarben
Fortgetragen.
Er hat der Jahreszeit
Ein neues altes Kleid
Übergezogen,
Den Himmelsbogen
Grau bespannt,
Aus dem Sand
Die Wärme vertrieben. Was bleibt
Steigt
In die Erde hinab,
Bis die Lebensfahrt
Unter dem nächsten Frühlingsdach
Von neuem erwacht.

## 70.
### Entgleiten des Lebens

Die Herbstwagen
Tragen
Welkes Laub
Und grauen Staub.
Sommerzeiten
Gleiten
In die weiten
Vergangenheiten.
Das Sommerherz
Währt
Nicht mehr lange.
Manchem wird bange
Der versteht,
Die Lebensuhr dreht
Sich auf ihren Runden
Nur noch kurze Stunden.

## 71.
### Herr Herbst

Nun ist der Herbst sich selbst geworden.
Von Norden
Wird er sich Stürme bringen lassen.
Die Straßen
Hat er mit welkem Laub übersät
Und nachts geht
Er um das schlafende Meer herum
Um
Es wild aufzuschäumen.
An bleichen Säumen
Zieht er Nebelschwaden über die Felder,
Schüttelt die Wälder,
Dass alles totes Geäst zerbricht.
Lange wird er dem Sommerlicht
Wehren,
Wird mit schweren
Schritten übers Land schreiten,
Bis aus den weiten
Winterfernen der Wind
Die Reste des Herbstes selbst fortbringt.

72.

## Gemeinsames Trennen

Herbst,
Alles fährt
In die Dunkelheit:
Die Tagzeit,
Die Weide,
Die Vogelbleibe,
Das Glück,
Der Augenblick,
Der Sommerort,
Das Segelboot,
Das Nehmen,
Das Sehnen,
Der Weidenbaum,
Der Traum,
Der Strand,
Das Blütenband.
Die Herbstwelt
Zerfällt
Zu dunklem Licht
Und leerem Nichts.

73.
## Ungerechte Ernte

Auf und ab
Fährt
Der Herbst.
Erntet, wo er nicht gesät hat.

Zerklüftet den Strand,
Entblättert die Bäume,
Reißt Lebensträume
Aus mancher Hand.

Bald ist er wieder fort.
Dann schmücken Eisblumen
Die Erdkrumen
An jedem Ort.

## 74.
### Verstummter Herbst

Der Herbst bringt,
Was nicht klingt:
Das stumme welke Laub,
Den grauen Staub,
Die kalte Nacht,
Die Sternenpracht,
Den leeren Strand,
Die tote Hand,
Den Nieselregen,
Die Spinnenweben,
Die leeren Blicke,
Die Engelsschritte,
Das müde Herz,
Den Abschiedsschmerz,
Das Nebeltuch,
Die stille Bucht.

## 75.
### Unvermuteter Besuch

Der Herbst kommt.
Wo er wohnt
Weiß niemand.
Plötzlich stand
Die Sommertür offen.
Regenbrocken
Zwängten sich hindurch
Und aus jeder Meeresbucht
Stieg Nebel auf.
Der Himmel verkauft
Keine Sonne mehr.
Der Asphaltteer
Hat sein Flimmern aufgegeben
Und Spinnen weben
Netze, um auf Seidenstangen
Das letzte Sommerlicht einzufangen.

76.
**Brauttrennung**

Der Herbst
Fährt
Durchs Land.
An seiner Hand
Die Sommerbraut.
Traurig schaut
Sie aus,
Da ihr Sommerhaus
Im Nebelsieb
Zu Staub verglüht.

## 77.
## Unerbetener Herbst

Am Horizont zerrauscht der Sommer.
Herr, ist es ein frommer
Wunsch nach noch mehr Herbsttagen
Bei Dir nachzufragen?
Den Herbststürmen noch Einhalt
Zu gebieten bis der Wald
Sein buntes Kleid abgelegt hat?
Kurz nur ward
Uns der Sommer durch die Jahresmitte getragen.
An manchen Tagen
War nur grauer Regen
Zu sehen.
Und manches Morgenrot
War vom Segelboot
Des Nebels verdeckt.
Herr, noch zu früh regt
Sich der Herbstwind
Und sind
Die Sonnentage verglüht.
Ach Herr, gib
Uns auf die Jahreswaage
Noch ein paar goldumrankte Sonnentage.

## 78.
## Abgelaufene Zeit

Herbst,
Alles verjährt:
Der Sommerwind,
Das Vogelkind,
Der Strand,
Die Parkbank,
Die Blumenwiesen,
Die fleißigen Liesen,
Die Rosen,
Die Herbstzeitlosen,
Die Libellen,
Die Sonnenschellen,
Die Bienenwaben,
Die Duftschwaden.
Herbst,
Alles kehrt
Vom Sommerglück
Zur Trauer zurück.

## 79.

### Herbstzug

Der Herbst kommt nun gezogen
Mit seinem Flickenkleid,
Bespannt den Himmelsbogen
Mit grauer Regenzeit.

Zerwühlt die stillen Meere
Zu gischtbenetzter Flut,
Öffnet die Himmelswehre,
Dass Sturm um Sturm nun tobt.

Er kahlt der Bäume Zweige,
Zerfurcht das letzte Blatt,
Umhüllt die grüne Weide
In eine Nebelstadt.

Er wird nicht lange weichen,
Hoch thront sein wildes Haupt,
Bis er des Winters Zeichen
Dann selber wird zum Raub.

80.

## Karge Zeit

Hörst du das Rauschen
Der Wälder,
Das Fauchen
Der Wolkenkälber,
Die den Himmel dunkel einfärben?
Siehst du die Blätter,
Die alles auf Erden
Mit grauem Wetter
Schmücken?
Siehst du die Rehe,
Die das letzte Gras pflücken
Ehe
Alles im kalten Winter versinkt
Und sich das Leben
Auf das Vergehen
Besinnt.

## 81.
### Unwelker Lebensbaum

Der Herbst ist nun gekommen,
Er wird die Sommersonnen
Mit Nebel überzieh'n.
Er wird die Meere weiden,
Mit Sturm und Winde kleiden,
Wird verschlingen das letzte Grün.

Mein Herz, geh jetzt zur Ruhe,
Auf deiner Lebenssuche
Welkt nun das letzte Blatt.
Auf allen deinen Spuren
Die Herbststürme schon fuhren,
Erschöpften deinen letzten Tag.

Ach Herr, ich will nicht scheiden,
Nicht seh'n Vergänglichkeiten,
Will noch den Frühling schau'n.
Du wirst nicht lange schlafen,
Wirst geh'n auf gold'nen Straßen,
Wirst ewig ruh'n am Lebensbaum.

82.
## Wolkenpferde

Der Sommer zerfließt
Kalter Dunst liegt
Auf den Wiesen.
Zwischen grünen
Blättern bunte Farben.
Im nahen
Wald
Wird es bald
Einsam werden.
Nur die Wolkenpferde
Bleiben,
Den Herbst vor sich herzutreiben.

## 83.
### Sommerstall – Herbst überall

Herbst,
Das Sommerpferd
Kehrt
In den Stall zurück.
Grau wird der Blick,
Kurz die Tage
Und manche Lebenswaage
Neigt sich ein letztes Mal.
Die große Zahl
Wildgänse
Überschreitet die Sommergrenze
Dem Süden entgegen.
Mit jedem
Tag wird das Atmen schwerer,
Der Tag leerer,
Werden die bunten Herbstfarben
Zu grauen Narben.

## 84.
### Wendeherbst

Der Herbst
Zerrt
Die Kälte durchs Land.
Manche Hand
Wird er schließen.
Manches Grüßen
In Abschiedsworte wandeln.
Manches Handeln
Lässt er erstarren.
Doch die Narren
Werden weiter denken,
Die Sommer schenken
Trotz des herbstlichen Vergehen'
Ewig ihr Leben.

## 85.
### Buchstabenherbst

Hinter dem Sommer,
Ein (,) Komma.
Der Wind
Beginnt
Mit einem W(eh).
Der große Herbstzeh
Endet mit einem H.
Na klar
Hat der Herbst sein st
Dem Sturm und dem See
Geborgt.
Doch wer sorgt
Sich um das verbliebene Herb?
Vielleicht ein Pferd,
Das Zweisamkeit sucht.
Oder ein Buch,
Tauscht das b gegen ein d,
Damit aus dem Herb(st)see
Ein Herdsee wird.
Dieser rührt
Von einem Nebeltopf her,
Der leer
Ist,
Weil die Sonne das Abstellen vergisst.

# 86.
## Der unmerkliche Herbst

Herbst,
Merkt
Niemand,
Der Strand
Ist verfärbt.
Das Meer gärt
Zu Gischt.
Das Tageslicht
Ist verkürzt,
Unentwegt stürzt
Dunkelheit hinab.
Mancher Pfad
Ist verhüllt,
Manches Bild
Verschwimmt.
Manches gewinnt
Durch Vergehen
Neues Leben.

## 87.

### Ewige Herbststunde

Der Herbst ist aufgegangen,
Er wird an bunten Stangen
Die Blätter wirr aufzieh'n.
Er wird auf weißen Wogen
Über die Wellen toben,
Wird nachts in Sternenfarben blüh'n.

Seit vielen tausend Jahren
Ist der Herbst aufgefahren,
Zu ernten jeden Baum.
Er kennt wohl keine Grenzen,
Lässt sich von nichts beschränken,
Bevor ihn fängt der Wintersaum.

Der Herbst ist aufgegangen,
Von seinem Sonnenwagen
Fällt noch das gold'ne Licht.
Bis er nach dunklen Tagen,
Nach Sturm und Nebelschwaden
Klirrend zu Schnee und Eis zerbricht.

## 88.

### Buntes Welken

Alle Bäume tragen
Bunte Kleiderfarben.
Alle Wiesen schmücken
Gelbe Honigquitten.
Alle Nächte klaren
Gold'ne Sternenscharen.
Alle Nebel steigen
Über Trauerweiden.
Alle Herzen glühen
Von Sommergefühlen.
Alle Vögel lieden
Über grünen Wiesen.
Doch aus weiter Ferne
Kommen die Herbststerne,
In Farben zu schwelgen
Und in Bunt zu welken.

## 89.
### Schmauchender Herbst

Noch einmal
In diesem Jahr
Rauscht der Sommer durch die Welt,
Hält
Mit den letzten Blumen ein Schwätzchen,
Legt sich wohlig auf sein warmes Plätzchen
Unter der alten Linde nieder.
Vogelschwärme ziehen über
Die Bergspitzen hinweg.
Sie werden sich einen Sommerfleck
Im Süden kaufen,
Werden kurzärmlig über den Strand laufen,
Werden in der Sonne baden,
Während hinter unsren kurzen Tagen
Nur noch Kälte verborgen ist.
Selbst den letzten Rest Sommerlicht
Wird der Herbst uns nehmen,
Wird Dunkelheit auf die Tage legen,
Wird die Nächte in Kälte tauchen
Und morgens dicke Nebelzigarren rauchen.

## 90.
### Herbstendung

Herbst,
Alles währt
Vergebens.
Das Leben
Endet im Tod,
Das Boot
Im Hafen,
Das Schlafen
Im Aufwachen,
Das Lachen
In der Trauer,
Die Mauer
Im Freien,
Das Seien
Im Vergehen,
Das Sehnen
In der Dunkelheit
Der Herbstzeit.

# Biographie

Aus irgendwelchen unerklärlichen Gründen war ich bereits als Kind froh, es mit meiner Geburt gerade in den Herbst geschafft zu haben. Zwei Tage früher wäre es noch der Sommer gewesen. Nach Schulzeit, Studium der Humanmedizin (heute würde ich ein Studium der humanen Medizin vorziehen) und vierzigjähriger Schifffahrt durch die Medizin befinde ich mich seit knapp einem Jahr mit der Rentenzeit im Sinne von „zurück zu den Wurzeln"(Geburt im Herbst) im Herbst des Lebens. Johann Heinrich Pestalozzi, einer der größten Pädagogen, hat einmal gesagt:" Wenn unser Leben sich neigt, dann sollten wir sein wie die Bäume des Herbstes, voll reifer Früchte". Mit den Früchten hat es das Leben mit meiner Frau und mir gut gemeint, 24 Kinder (4 eigene, 16 Enkelkinder und 4 Schwiegerkinder).

Im Laufe der Jahre habe ich eine Reihe von Gedichten zu den unterschiedlichsten Themen geschrieben, die für lange Zeit in dunklen Schubladen oder Kisten lagen. Ob sie dort im Laufe der Zeit gereift sind, vermag ich nicht zu beurteilen. Jetzt im ersten „freien" Herbst meines Lebens (keine Schule, kein Studium, keine Arbeit) schien mir der Moment nicht unpassend, unter ihnen ein wenig Ernte zu halten und damit diesen und alle weiteren Herbste unserer wunderbaren Erde zu begrüßen.

# Inhaltsverzeichnis